AF339695

LA VÉRITÉ

SUR LES D'ORLÉANS

ou la confession d'un renégat

PAR

Jean BERNICAT

LA VÉRITÉ

SUR LES D'ORLÉANS

OU LA CONFESSION D'UN RENÉGAT

PRÉFACE

Chers Lecteurs,

En vous dédiant ces quelques lignes écrites de la main d'un pauvre prolétaire, je n'ai d'autre but que de vous mettre en garde contre l'ORLÉANISME ; à l'heure actuelle, traversant une crise commerciale et agricole épouvantable, il est bon de se défier de tous ces faux prophètes qui cherchent à se faufiler partout en discréditant notre pauvre République, se basant sur les expéditions lointaines en les critiquant et ne voulant pas avouer avec franchise que notre malaise général ne tient qu'à une seule et unique cause : *Trop de production, pas assez de consommation.*

L'expulsion seule, m'a déterminé à écrire ces quelques lignes, car les princes, sur le territoire français, étaient moins à redouter qu'en exil où ils pourront conspirer ouvertement.

En France, on pouvait les surveiller, à l'étranger, ils pourront conspirer tout à leur aise ; la République doit veiller leurs acolytes, qui, sans être à craindre, peuvent par leur mauvais patriotisme, nous amener des conflits diplomatiques avec les puissances où règnent encore des rois.

Jean BERNICAT

Une Confession

Employé de commerce (*représentant de fabriques de 1878 à 1883*), l'état stagnant des affaires, me détermina vers la fin de septembre 1883, à changer mon fusil d'épaule ; ayant vu à l'œuvre un vaillant petit journal le *Paris-Montmartre*, je résolus de créer à son instar un organe hebdomadaire que je nommais le *Paris-Montrouge*, en raison de mes rapports directs avec la rive gauche. J'eus à cette époque la naïveté d'écouter quelques amis (*réactionnaires*) qui me conseillèrent de prendre fait et cause pour le comte de Paris en soutenant une politique conservatrice dans mon journal ; mes débuts furent assez encourageants, la localité ou plutôt les 6e et 14e arrondissements de Paris se prêtant d'assez bonne grâce à lire ma feuille de chou. Dès le début, m'étant affilié à un Comité *orléaniste*, le premier numéro de mon organe (portant la date du 23 septembre 1883), fut envoyé par lettre recommandée

au noble Monseigneur le comte de Paris, au château
d'Eu. Le résultat ne se fit pas attendre ; en date du
1er octobre suivant, je reçus l'épître que je reproduis
textuellement :

Château d'Eu (Seine-Inférieure)

1er octobre 1883

« Monsieur,

« Monseigneur le *comte de Paris* a lu avec un vif
intérêt votre journal. Il vous sait le plus grand gré des
sentiments personnels que votre lettre lui exprime.
Votre dévouement, *il en a l'espoir*, lui restera fidèle.

« Je suis heureux de vous donner en son nom, cette
double assurance et je vous prie, Monsieur, de rece-
voir celle de ma considération distinguée.

« Signé : Auguste BOUCHER.

M. Auguste Boucher était à l'époque secrétaire du
Monseigneur et rédacteur en chef du *Français* (journal orléaniste). Une remarque en passant, l'adresse de
la dite lettre était pompeuse :

M. J. BERNICAT
Directeur politique
du *Paris-Montrouge*
Paris

Ne connaissant pas les d'Orléans à ce moment là,
alléché par cette lettre, je fis des pieds et des mains
pour trouver des adhérents à cette cause *(perdue avant*

de naître); comme beaucoup de citoyens, l'ambition était un de mes défauts proéminents à cette époque; mes résultats en dépit de mes démarches furent assez restreints, ayant affaire à des adeptes riches mais LADRES quand il s'agissait de délier la bourse, même pour soutenir leur politique.

Sans sou ni maille, mais plein de bonne volonté, doué d'énergie et de tenacité, je n'avais plus qu'une idée fixe, me cramponner quand même à cette secte (*qui devrait être prohibée en France*). Visites sur visites, rien ne me rebutait, toujours soutenu par des promesses mensongères et évasives, j'espérais toujours un secours du noble comte de Paris (pour aider à payer mon imprimeur), hélas peine perdue, soyons cependant justes, (UN PRÊTRE) l'abbé Brèt participant lui-même à différentes combinaisons de journalisme (*réaction*) vint à mon secours en m'offrant une combinaison d'impression gratuite pendant quelque temps. (Il pensait comme moi et tant d'autres, que le noble comte viendrait à notre secours). Enfin, je respirais librement et continuais avec plus d'acharnement que jamais ma propagande, espérant toujours arriver à un résultat (oh ! chimère tu n'es pas un vain mot). Bercé d'illusions, recevant toujours des encouragements de M. Auguste Boucher (mais toujours pas de fonds pour couvrir mon imprimeur, l'abbé Brèt commençant à montrer les dents), je résolus, toujours animé de bonnes intentions, de frapper un grand coup.

Connaissant de réputation une noble dame bien en cour à Chantilly, j'osai solliciter son concours (la faim fait sortir le loup du bois), peine perdue, affront dévoré en silence ; après avoir été bien reçu, le lendemain suivait une lettre à mon adresse ainsi conçue :

« Monsieur,

« J'ai le regret de vous dire que je n'ai point reçu de réponse favorable pour ce que vous souhaitiez, *on n'a pas même touché ce sujet*, dans la lettre qui m'a été adressée ce tantôt; d'où je conclus qu'on ne fera rien. (1) C'EST, HÉLAS, CE QUE JE CRAIGNAIS. Encore une fois, monsieur, croyez à mes regrets et recevez l'assurance de mes sentiments distingués. »

X***

En résumé trois mois se passent, mon journal continuait à s'imprimer tout en tirant le diable par la queue, je continuais mes pérégrinations de part et d'autre et de guerre lasse ne pouvant plus rien faire par moi-même, la misère aidant, je me rendis (peut-être pour la vingtième fois) chez le représentant du comte et lui proposai de m'en aller à Toulouse (foyer du parti royaliste) essayer de me caser dans un journal quelconque avec sa recommandation; je comptais absolument sur sa parole après pourparlers échangés, lorsqu'un contre ordre parti on ne sait d'où changea la face des choses; en date du 10 janvier 1884, je recevais la lettre suivante :

Monsieur,

« J'ai besoin de vous demander avant *votre départ* quelques renseignements confidentiels.

» Veuillez venir demain à 4 heures, 20, rue Bergère, dans les bureaux du *Français*.

» Agréez l'assurance de mes sentiments les plus distingués.

AUGUSTE BOUCHER.

---

(1) Cette dame, en tout bien tout honneur, avait elle-même une opinion faite au sujet des cordons de la *bourse* !

Je me rendis à ce rendez-vous qui devait être le dernier, après des phrases sans fin, on me dit que l'on ne pouvait rien faire pour moi, mais que plus tard on *verrait* !

Chers lecteurs, ce jour-là seulement mes yeux se sont ouverts.

Réduit à la misère, après avoir sacrifié mon temps pour cette cause maudite, n'ayant en perspective que mon propriétaire qui venait me réclamer son terme, j'eus encore la niaiserie, pour ne pas dire la bassesse, de demander (*par lettre recommandée)* au noble comte de Paris, *cent cinquante francs* pour empêcher une saisie immédiate. RIEN ! pas de réponse, mon mobilier fut impitoyablement vendu à la rue pour une obole ; mes anciens amis de la veille me tournaient le dos, *amère dérision* !

Que de travail moral et physique en pure perte, quelle sotte ambition, quelle cupidité m'avaient donc mis un bandeau sur les yeux aussi longtemps, pour que je sois victime de mon dévouement pour ces gens à paroles mielleuses, mais aussi rapaces que l'avare de la fable, ne connaissant qu'un Dieu : l'ARGENT ! pour cette famille ignoble qui au lendemain de l'égorgement de la NATION lui réclamait quarante millions, à l'heure de la défaite, alors que tous les enfants de la France affaiblie et sanglante s'épuisaient pour payer la rançon de leur mère !

Cinq milliards à la Prusse.

BIOGRAPHIE

DU COMTE DE PARIS

Louis-Philippe-Albert d'Orléans, comte de Paris, est né le 24 août 1838 et a été élevé dans la ville allemande d'Eisenach, où résidait sa mère. La guerre de scession ayant éclaté, il partit pour l'Amérique du Nord en 1861, entra dans les troupes fédérales comme capitaine et aide de camp du général Mac-Clellan qui commandait en chef.

On fait observer à ce sujet que le comte de Paris, en prenant parti pour l'Amérique du Nord a fait une campagne anti-française puisque c'est dans l'Amérique du Sud qu'on trouve nos nationaux. Relativement à cette campagne, le *Parlementaire*, journal de Vienne, a publié récemment un fait d'armes du comte :

Un général américain vient d'écrire à un de ses amis de France, que le comte de Paris, lorsqu'il servait dans l'armée américaine, avait livré un régiment à l'armée des *Susdistes*, le général dont il s'agit se porte garant de l'exactitude de ce renseignement. Quant à ses écrits littéraires, c'est une compilation de lecture fastidieuse.

Rentré en France après l'abrogation des lois d'exil ; le comte de Paris se tint à l'écart, et ne sembla sortir de sa réserve qu'au moment de l'incident *des Houx* en mars 1886 et en dernier lieu, le mariage de sa fille en Portugal fit grand tapage ; ce fut l'occasion pour le gouvernement de hâter l'expulsion des *Princes*. Au moment de quitter la France le comte de Paris lança un manifeste dont voici la reproduction :

Protestation du Comte de Paris

Contraint de quitter le sol de mon pays, je proteste, au nom du droit, contre la violence qui m'est faite.

Passionnément attaché à la patrie, que ses malheurs m'ont rendue plus chère encore, j'y ai, jusqu'à présent, vécu sans enfreindre les lois.

En me proscrivant, on se venge sur moi des trois millions et demi de voix qui, le 4 octobre, ont condamné les fautes de la République, et l'on cherche à intimider ceux qui, chaque jour, se détachent d'elle.

On poursuit en moi le principe monarchique, dont le dépôt m'a été transmis par celui qui l'avait si noblement conservé.

On veut séparer de la France le chef de la glorieuse famille qui l'a dirigée, pendant neuf siècles, dans l'œuvre de son unité nationale, et qui, associée au peuple, dans la bonne comme dans la mauvaise fortune, a fondé sa grandeur et sa prospérité.

On espère qu'elle a oublié le règne heureux et pacifique de mon aïeul Louis-Philippe et les jours plus récents où mon frère et mes oncles, après avoir combattu sous son drapeau, servaient loyalement dans les rangs de sa vaillante armée.

Ces calculs seront trompés.

Instruite par l'expérience, la France ne se méprendra ni sur la cause, ni sur les auteurs des maux dont elle souffre ; elle reconnaîtra que la monarchie, traditionnelle par son principe, moderne par ses institutions, peut seule y porter remède.

Seule, cette monarchie nationale dont je suis le représentant peut réduire à l'impuissance les hommes de désordre qui menacent le repos du pays, assurer la liberté politique et religieuse, relever l'autorité, refaire la fortune publique.

Seule elle peut donner à notre société démocratique un gouvernement fort, ouvert à tous, supérieur aux partis et dont la stabilité sera pour l'Europe le gage d'une paix durable.

Mon devoir est de travailler sans relâche à cette œuvre de salut avec l'aide de Dieu et le concours de tous ceux qui partagent ma foi dans l'avenir. Je l'accomplirai.

La République a parlé : en me frappant, elle me désigne.

J'ai confiance dans la France : à l'heure décisive, je serai prêt.

Eu, le 24 juin 1885.

PHILIPPE,
Comte de Paris.

Ce document émane peut-être de la plume d'un de ses secrétaires, mais quoi qu'il en soit, ce noble comte a eu soin d'attendre d'être en pleine mer pour lancer cette épître.

A propos, un livre curieux vient de paraître chez M. Blanpain, 7. rue Jeanne ; ce livre, intitulé *Maria Stella*, démontre que le monseigneur ne serait tout simplement qu'un arrière-petit-fils de geôlier, et serait-ce là l'origine de cette famille qui aspire à étrangler la République ?...

ÉTUDE POLITIQUE

Les réactionnaires qui par pudeur se font qualifier de conservateurs, considérant le comte de Paris comme leur roi futur, me FONT RIRE !

Je crois de mon devoir de patriote et de citoyen de demander à cette faible partie d'illuminés sur quoi ils basent leurs prétentions, de vouloir imposer à la nation française, un homme qui, non-seulement ne possède aucune garantie pour offrir la moindre sécurité à un peuple pour le gouverner, mais qui lui-même s'avoue vaincu et impuissant pour saisir le pouvoir; ces intrigants de toute nature ont encore oublié que leur futur Philippe VII manquait de loyauté et de courage, que ce prince qui craint de payer de sa personne a mendié le secours de l'étranger (cour de Berlin) sans compter ce qu'il peut tenter plus tard?

Se défiant de ceux qui l'entourent, se défiant peut-être de lui-même, suivant en tous principes le roi Louis-Philippe, qui a été pendant son règne le vassal des Anglais; après avoir combattu contre la France en Espagne, Louis-Philippe se signala par les massacres de Lyon, en 1834, pour finalement prendre la fuite en 1848, après avoir bafoué les Français pendant dix-huit ans.

Pour en revenir au comte de Paris, ce noble sire,

après un refus de Berlin, a cherché d'autres appuis en s'alliant par voie matrimoniale à d'autres familles régnantes (le mariage de sa fille en Portugal), pour arriver à un but : régner.

(Sur quoi ? probablement sur un *Water-Closet*, en guise de *trône* !)

Mon cher monsieur, vous perdez votre temps et vous vous illusionnez tout autant que ceux qui auraient la prétention de croire à une restauration bonapartiste, car pour supprimer la *République* en *France* il faudrait faire disparaître le peuple (*le seul Souverain possible*). Il faut que vous eussiez un bandeau sur les yeux pour croire un seul instant qu'un autre *régime* que la Constitution qui nous gouverne en ce moment soit *adopté*.

La République possède dans son arsenal, une quantité considérable d'armes morales dont elle peut disposer sans dépenses et sans en ressentir aucun inconvénient matériel. Sa théorie est attrayante et plaira toujours aux esprits sensibles et généreux ; sa devise : *Liberté*, *Egalité*, *Fraternité* ne constitue pas seulement une opinion, mais presque un culte, et certes sa faiblesse ne gît point dans ses principes, mais dans leur application. Depuis quinze ans que le système parlementaire fonctionne librement, nous avons soutenu des luttes terribles tant au point de vue électoral qu'au point de vue des réformes à faire, à seule fin d'éviter tout conflit sérieux avec certains hommes politiques qui s'efforcent de faire ressortir les imperfections du parlementarisme.

Prétendants de toutes castes, *prenez garde !* le peuple se lasse d'être victime de vos intrigues, souvenez-vous du vieux proverbe : (Tant va la cruche à l'eau quelle se casse). Un nuage point à l'horizon, hâtez-vous de le conjurer en laissant à ceux que la volonté nationale a placé au Pouvoir le soin de faire le bonhenr du peuple français, en travaillant à sa régénération et à sa gloire; car si les électeurs le demandent aujourd'hui, les travailleurs l'exigeront demain !

CONCLUSION

L'Europe entière se couvre de sombres nuages, précurseurs de violents orages, un vent souffle avec impétuosité, c'est le vent de la *Révolution*. Les trônes chancellent sur leurs bases et l'heure approche où la fédération sera faite entre tous les peuples civilisés ; plus de haines politiques, plus de guerres, plus de sang versé. La Paix sera consolidée par les bases de cette République européenne qui saura, en détruisant les ambitions, anéantir ce qui reste de ces régimes de la féodalité dont la révolution de 1789, a fait disparaître en France les dernières traces. La France en ce moment est le point de mire des autres nations où un puissant souffle de LIBERTÉ se fait sentir, une fièvre ardente hante les cerveaux de tous les patriotes sans distinction de races pour arriver à un seul et unique but : l'ÉGALITÉ devant la loi ; et quand l'heure solennelle sonnera, il en surgira la FRATERNITÉ des peuples.

Jean BERNICAT

PARIS
Imprimerie
MAROT & Cⁱᵉ
6, r. St-Lazare
1886

TABLE DES MATIÈRES

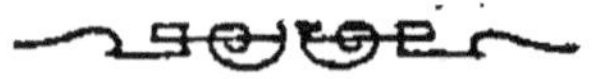

LA FRANCE RÉGÉNÉRÉE

Revue Politique, Industrielle,
Financière, Littéraire et Artistique

Jean BERNICAT

RÉDACTEUR EN CHEF

10 CENTIMES LE NUMÉRO

Administration et Rédaction

20 — RUE CUSTINE — 20

PARIS